Grundriß
des gesamten
deutschen Rechtes
in Einzelausgaben
von
Paul Posener.

21. Band.

Preußisches Privatrecht.

Berlin 1903
J. Guttentag, Verlagsbuchhandlung,
G. m. b. H.

Inhaltsverzeichnis.

IV. Kapitel.

Seite

Familienrecht.

V. Kapitel.

Erbrecht.

§ 1. Die ältere Rechtsentwickelung in Preußen.

Über die geschichtliche Entwickelung überhaupt siehe Grundriß **20**, S. 1ff.

Constitutio Joachimica 1527: Joachim I. ordnet die Geltung des römischen Intestaterbrechtes an, daneben aber auch die Anwendung römischen Rechtes überhaupt. Diese „Konstitution, wie es in Erbfällen zu halten," verdrängt die Vorschriften über gesetzliche Erbfolge, gleichviel welcher Quelle sie entstammen. Sie ist erlassen „auf aller Stände einträchtige Bewilligung."

Im übrigen vollkommene Verschiedenheit des bürgerlichen Rechtes in den einzelnen Teilen des späteren Preußen. In Brandenburg: neben römischem Rechte Sachsenrecht und lokale Statuten; in Schlesien: Landrecht von 1356, Sachsenrecht und Partikularrecht; in Sachsen: Sachsenrecht; in Preußen (Herzogtum): Landrecht von 1620, revidiertes Landrecht von 1721; darin auch eine Prozeßordnung enthalten. — Nur unbedeutende Einwirkung durch Rezesse 2c.

Aeltere Prozeßgesetzgebung.

Über die Gerichte: Grundriß 20, S. 3, 4, 5, 7, 11, 13, 14, 17, 25.

Kammergericht bereits 1484 für den Adel zuständig und sonst zweite Instanz. Neue Organisation 1516: jährlich vier achttägige Sitzungen, nämlich drei im Schlosse zu Cölln, eine im Schlosse zu Tangermünde; Besetzung: zwölf Beisitzer. Seit 1520 Quartalgericht in Stendal, zuständig für die Altmark. — Durch gelehrte Richter wird seit 1516 römisches Recht angewendet.

Sühneversuch vor gerichtlicher Entscheidung wird durch Landtagsrezesse 1534 und 1538 eingeführt.

Erste Kammergerichtsordnung 1540, ergänzt 1562.

Quartalgericht in Prenzlau 1585 an Stelle des Kammergerichtes; seit 1706 mit dem Hofgerichte verbunden, seit 1737 als besonderes Obergericht bestimmt.

Neumärkische Kammergerichts- und Kanzleiordnung 1561 vom Markgrafen Johann erlassen; abgeändert 1646 und 1700.

Landreuterordnung von 1597 gibt Vorschriften über Zwangsvollstreckung. Hof-, Land-, Quartalsgerichtsordnung von 1602 für Altmark.

Gerichtsferienordnung 1627 für das Kammergericht erlassen. Über den Instanzenzug: Verordnung von 1699.

Neu verfaßte Kammergerichtsordnung am 1. März 1709 erlassen, der sächsischen und der Reichskammergerichtsordnung nachgebildet.

Weiterer Ausbau des formellen Rechtes durch eine große Zahl von Edikten und Verordnungen:

1699: Prozeßordnung für die französische Kolonie.

1713: allgemeine Ordnung, die Verbesserung des Justizwesens betreffend; erklärt und erweitert 1714, 1715.

1717: Verordnung wegen Abkürzung der Prozesse, namentlich der summarischen; ähnlich 1736, 1737.

1717: Kriminalordnung für Kur- und Neumark; 1732: allgemeine Ordnung, wie Kriminalprozesse geführt werden sollen.

1725: Verordnung, wie beim Kammergerichte das Justizwesen eingerichtet, und wie verfahren werden soll.

1737: Edikt wegen des Examens der Justizbedienten.

1746: Verbot der Aktenversendung.

1748: Patent, betreffend die neue Einrichtung der Justiz.

1749, 1750: Vereinigung des Geheimen Justizrates und des Appellationsgerichtes für Ravensberg mit dem Kammergerichte.

Höchstes Gericht im Lande, frei von einer Appellation an das kaiserliche Gericht, ist erst spät erlangt worden. Vgl. Grundriß **19**, S. 18, 23, 27; **8**, S. 14.

1356 goldne Bulle: den Kurfürsten wird das privilegium de non appellando erteilt; von Rudolf 1586 für Brandenburg bestätigt. 1702 erweitert (auf die anderen Landesteile) für alle Besitzprozesse und für alle vermögensrechtlichen Streitigkeiten bis 2500 Goldgulden. 1733 auf das Herzogtum Stettin ausgedehnt. Endlich am 31. Mai 1746 für das ganze Königreich Preußen von Franz I. das privilegium de non appellando erteilt. Nunmehr Fortschritte in der Prozeßgesetzgebung und Reformen im materiellen Rechte möglich. —

Pommern wird vorbildlich für das Königreich. Durch die Konstitution vom 31. Dezember **1746** wird große Beschleunigung erzielt: 2400 alte Prozesse werden in 8 Monaten in allen Instanzen abgetan. Daher: **Projekt** eines Codicis Fridericiani Pomeranici 1747; für die Provinzialgerichte 1748 als maßgebend verordnet; vgl. w. u. Seite 10.

§ 2. Die Vorläufer des Allgemeinen Landrechtes.

Vorlandrechtliche Gesetze nur von geringem Einflusse auf die Entwickelung des materiellen Rechtes, da im allgemeinen nur zur Regelung kleinerer Materien erlassen. Rechtsquellen bleiben: gemeines Recht und usus fori sowie die Meinungen der JClti; hierzu kommen die in Rezessen niedergelegten Ansichten. Rechtsunsicherheit — weil meist ungeschriebenes Recht und sehr zerstreut — sehr groß, darum auch die Prozesse erschwerend.

Insbesondere:

1. Umwandlung der **Leibeigenschaft** in Gutsangehörigkeit durch Bauernordnung von 1764; hierzu Verordnung von 1778.

2. **Recht der Schuldverhältnisse:**

Verordnung über Schuldenmachen der Soldaten 1699, 1726, 1766. — Edikt von 1731: Wechsel über Spielschulden sind ungültig, Spielschulden klaglos. — Verordnung über Darlehen an Hauskinder und Bevormundete von 1701 und 1749. — Ausleihen von Getreide 1717. — Zinsen verschiedentlich normiert: 1565, 1695, 1700, 1726, 1751.

Wechselordnung von 1701, 1709, 1738; erneuert 1750.

Königlich Preußisches Seerecht 1727; später als Assekuranz- und Havereiordnung 1766.

Strandungsordnung 1728.

3. **Sachenrecht.**

Edikt vom 5. Januar 1717: alle Adels-, Schulzen- und Bauernlehen werden für Allodial- und Erbgüter erklärt, die Lehnsverbände aufgehoben (gegen Entschädigung).

Verbot der Einziehung der Bauerngüter in der Mark 1749.

Befreiung des Grundeigentumes von Dienstbarkeiten 1765, 1769, 1770.

Hypotheken- und Konkursordnung vom 4. Februar 1722. Schlesische Hypothekenordnung vom **4.** August 1750. Allgemeine Hypothekenordnung vom 20. Dezember 1783.

4. **Familienrecht.**

Visitation und Konsistorialordnung 1573 über Ehe und Schwängerung; hierzu Konstitution 1694. Mehrere Edikte ꝛc. über Eheversprechen und Scheidung 1740, 1751, 1763, 1765, 1768, 1782.

Vormundschaftsordnung für Kur- und Neumark 1718; Konstitution 1751.

5. **Erbrecht.**

Verordnung 1765 über Erwerb der Erbschaft; über Form der Testamente eine Instruktion 1751.

§ 3. Die Entstehung des Allgemeinen Landrechtes.

Landrecht für Herzogtum Preußen 1620.

Kurfürstlich Brandenburgisches **revidiertes Landrecht** des Herzogtums Preußen 1685.

Friedrich Wilhelm König's in Preußen **verbessertes Landrecht** des Königreichs Preußen 1721, bearbeitet von Samuel von Cocceji.

Notifikation vom 1. März 1738: Auftrag an Etatsminister von Cocceji, „daß ein beständiges und ewiges Landrecht verfertiget, das konfuse und teils auf unsere Lande nicht quadrierende Jus Romanum abgeschaffet, und die unzählige Menge von Edikten gedachtem Landrecht einverleibet werde."

Projekt des Codicis Fridericiani Pomeranici 1747, von Samuel von Cocceji. Revidiert 1748 als Projekt des Codicis Fridericiani Marchici 1748. (Beide hauptsächlich prozeßrechtlich).

„Damit einmal ein gewisses Recht im Lande etablieret und die unzählige Edikte aufgehoben werden mögen," erhält Cocceji 1746 den Auftrag, „ein teutsches allgemeines Landrecht, welches sich bloß auf die Vernunft und Landesverfassungen gründet, zu verfertigen, . . und die besonderen Statuta einer jeden Provinz besonders beidrucken lassen." Cocceji ist hierzu binnen einem Jahre bereit; er veröffentlicht 1749 das Projekt des Corporis Juris Fridericiani, zunächst 3 Bücher Personenrecht; dann 1751 weitere 8 Bücher dingliche Rechte; der dritte Teil, Obligationenrecht und Kriminalrecht, wurde nicht publiziert. Gesetzeskraft hat nur Ehe- und Vormundschaftsrecht erlangt.

Verbesserung des Prozeßrechtes durch den schlesischen Justizminister Kasimir von Carmer angeregt. Projekt des revidierten Codicis Fridericiani 1775.

Müller Arnold'scher Prozeß siehe Grundriß 20, Seite 17 und 18. An Stelle des Großkanzlers von Fürst wird Carmer am 11. (25.) Dezember 1779 Großkanzler.

Kabinettsorders vom 6. und 14. April 1780 bestimmen:

a) Prozeßrecht: jeder Prozeß soll möglichst nur ein Jahr dauern; Inquisitionsmaxime im Zivilprozesse; Abschaffung der Advokaten (weil sie an der Verwirrung der Sachen schuld seien und vom Unglücke anderer leben, als Kaufleute und Manufacturiers wären sie dem Lande nützlicher); Assistenzräte als Parteibeistände.

b) Bürgerliches Recht. Für jede Provinz ein besonderes Gesetz, weil die uralten Gebräuche zu schonen seien. Naturrecht soll der „bei weitem nicht vollkommenen Sammlung vom Kaiser Justinian und seinem Kanzler" vorgezogen werden. Alle Streitfragen sollen vermieden werden; möglichst deutsche Ausdrücke, damit auch der Laie alles verstehe.

Für die Abfassung der Gesetzbücher seien „habile, ehrliche und recht zuverlässige Leute aus den Collegiis," also Praktiker, besser zu gebrauchen als Professores, welche „doch immer zu weitläuftig" seien. —

Instruktion vom 19. Juli 1780; allgemeine Grundsätze vom 27. Juli 1780. („Anwenden, nicht räsonnieren!" d. i. Verbot der Interpretation durch Beamte, vielmehr Einsetzung einer Gesetzeskommission zur Auslegung.)

Prozeßordnung: Erstes Buch unsers Corporis Juris Fridericiani, durch Patent vom 26. April 1781 vorgeschrieben und bestätigt. Revidiert als „Allgemeine Gerichtsordnung für die Preußischen Staaten", Patent vom 6. Juli 1793, Veröffentlichung 1794 und 1795.

Vorarbeiten für das materielle Recht unter von Carmers Leitung nach seinem Plane; Mitarbeiter: Baumgarten, Svarez, Pachaly, Volkmar, ferner Kircheisen, Klein und Goßler. Unter diesen der bedeutendste und tätigste Karl Gottlieb **Svarez**, geboren in Schweidnitz (Schlesien) am 27. Februar 1746, gestorben am 14. Mai 1798 in Berlin. Als Sohn eines Advokaten studierte er Jura in Frankfurt a. O., wurde 1765 Auskultator bei der Oberamtsregierung in Breslau, 1771 Oberamtsregierungsrat daselbst; (zur Erinnerung auf dem Ritterplatze, vor dem Breslauer Oberlandesgerichte, sein Denkmal).

Der Gang der Kodifikation:

1. Erster ungedruckter Entwurf, hergestellt nach den Vorschlägen der Mitarbeiter aus römischem und Landesrechte und unter Benutzung von Präjudizien. Zu diesem Entwurfe erteilte die Gesetzeskommission Monita, die von Svarez bearbeitet wurden. Durch die Svarezsche Umarbeitung entstand:

2. Entwurf eines allgemeinen Gesetzbuches für die Preußischen Staaten, veröffentlicht 1784 bis 1788. Hierzu 39 Bände Monita, von Svarez in der Revisio Monitorum geprüft und verarbeitet. Nochmalige Prüfung durch die Gesetzeskommission. Sodann:

3. Allgemeines Gesetzbuch für die Preußischen Staaten durch Patent vom 20. März 1791 veröffentlicht, und zwar geplant mit Gesetzeskraft vom 1. Juni 1792. Infolge der französischen Revolution und aus anderen Gründen (Widerspruch des Schlesischen Justizministers von Danckelmann) wird die Gesetzeskraft durch Kabinettsorder vom 18. April 1792 vor der Hand noch suspendiert.

4. Durch die Orders vom 17. November und 18. Dezember 1793 wird Umarbeitung (Ausscheidung des Staatsrechtes) angeordnet. Svarez und Justizminister von Goldbeck erledigen diese; sodann Beratung im Staatsrate. Vollendung Anfang 1794. Hierauf:

Allgemeines Landrecht für die Preußischen Staaten durch Patent vom 5. Februar 1794 publiziert, Gesetzeskraft vom 1. Juni 1794.

Infolge vielfacher Änderungen und Ergänzungen wird durch Patent vom 11. April 1803 der **Erste Anhang** zum Allgemeinen Landrechte publiziert.

Der **Zweite Anhang** 1816 ist nicht Gesetz, sondern eine Privatarbeit.

Geltungsgebiet:

1. Subsidiarität. ALR. tritt nur an die Stelle des früheren subsidiären Rechtes, nämlich „der in Unseren Landen

bisher aufgenommenen gewesenen Römischen, gemeinen Sachsen- und anderen fremden subsidiarischen Rechte und Gesetze."

2. **Provinzialgesetze** und Statuten, wofern sie bis zum 1. Juni 1796 gesammelt sind, sollen ihre gesetzliche Kraft vor dem ALR. zwar behalten, aber in Provinzialgesetzbüchern gesammelt werden. Dies ist jedoch erst später und nur in folgendem Umfange geschehen:

a) durch Patente von 1801 und 1802 für **Ostpreußen**, Ermeland, Litthauen und Kreis Marienwerder;

b) durch Patent von 1844 für **Westpreußen**.

In den **übrigen alten Provinzen** gilt daher ALR. — mangels eines Provinzialgesetzbuches — als Hauptquelle.

3. **Neuerworbene Provinzen**: ALR. gilt in diesen ebenfalls, jedoch folgende **Ausnahmen**:

a) Oberlandesgericht Köln, Regierungsbezirk Stralsund, Landgericht Neuwied, Fürstentümer Hohenzollern;

b) Annexionen von 1866; [**gilt** jedoch in Ostfriesland, Lingen, Kaulsdorf, Jadegebiet];

c) Herzogtum Lauenburg 1876;

d) Insel Helgoland 1891.

4. **Gewohnheitsrechte** und Observanzen sind im allgemeinen als schädlich für beseitigt erklärt, wofern nicht ausdrücklich auf sie verwiesen ist.

5. **Suspension** der 3 ersten Titel des II. Teils ursprünglich wegen der Abweichungen vom gemeinen Rechte angeordnet. Die Suspension galt später noch für die Kurmark, Neumark nebst Cottbus (jedoch nicht für die früher pommerschen Teile) und teilweise für Westfalen.

§ 4. Das System des Allgemeinen Landrechtes.

Ursprünglich sollten 3 Teile geschaffen werden: a) Personenrecht, b) Sachenrecht, c) beiden gemeinschaftliche Rechtswahrheiten (Kontrakte, Testamente).

Nach dem Plane von **Carmers**: 2. und 3. Teil verschmolzen, da Obligationen- und Erbrecht nur Titel zum Erwerbe eines dinglichen Rechtes enthalte. **Obligationenrecht fehlt also.**

Stoffordnung im ALR. nach Zweck und Wirkung, nicht nach genetischem und methodischem Zusammenhange.

Teil I enthält Sachen- und Obligationenrecht, und zwar hören die allgemeinen Vorschriften mit § 97 ALR. I 6 auf.

Teil II geht vom Familienrechte aus und schreitet zu den größeren Kreisen der menschlichen Assoziation weiter.

Legalordnung des ALR.

Einleitung.

Erster Teil.

8. Abschnitt: von Verträgen, wodurch Sachen gegen Handlungen, oder Handlungen gegen Handlungen versprochen werden, §§ 869—1086, [sog. **Verträge über Handlungen**];
9. Abschnitt: von Schenkungen, §§ 1037—1177.

12. Titel: **Von den Titeln zur Erwerbung des Eigentums, welche aus Verordnungen von Todeswegen entstehen**, §§ 1—656, mit zwei Abschnitten:
1. Abschnitt: von Testamenten und Kodizillen, §§ 3—616;
2. Abschnitt: von Erbverträgen, §§ 617—656.

13. Titel: **Von Erwerbung des Eigentums der Sachen und Rechte durch einen Dritten**, §§ 1—280, mit drei Abschnitten:
1. Abschnitt: von Vollmachtsaufträgen, §§ 5—227;
2. Abschnitt: von Unternehmung fremder Geschäfte ohne vorhergegangenen Auftrag, §§ 228—261;
3. Abschnitt: von nützlichen Verwendungen, §§ 262—280.

14. Titel: **Von Erhaltung des Eigentums und der Rechte**, §§ 1—469, mit fünf Abschnitten:
1. Abschnitt: vom Verwahrungsvertrage, §§ 9—108;
2. Abschnitt: von Verwaltung fremder Sachen und Güter, §§ 109—177;
3. Abschnitt: von Kautionen und Bürgschaften, §§ 178—412;
4. Abschnitt: von Pfändungen, §§ 413--465;
5. Abschnitt: von Protestationen, §§ 466—469.

15. Titel: **Von Verfolgung des Eigentums**, §§ 1—56.

16. Titel: **Von den Arten, wie Rechte und Verbindlichkeiten aufhören**, §§ 1—506, mit zehn Abschnitten:
1. Abschnitt: von Erfüllung der Verbindlichkeiten überhaupt, §§ 11—27;
2. Abschnitt: von der Zahlung, §§ 28—212;
3. Abschnitt: von der Deposition, §§ 213—234;
4. Abschnitt: von der Angabe an Zahlungsstatt, §§ 235—250;
5. Abschnitt: von Anweisungen, §§ 251—299;
6. Abschnitt: von der Kompensation, §§ 300—377;
7. Abschnitt: von Entsagung der Rechte, §§ 378—404;
8. Abschnitt: von Vergleichen, §§ 405—449;
9. Abschnitt: von Aufhebung der Rechte und Verbindlichkeiten durch deren Umschaffung, §§ 450—475;
10. Abschnitt: von Aufhebung der Rechte und Verbindlichkeiten durch deren Vereinigung, §§ 476—512;

17. Titel: **Vom gemeinschaftlichen Eigentum**, §§ 1—388, in fünf Abschnitten:
1. Abschnitt: vom gemeinschaftlichen Eigentum überhaupt, §§ 1—114;
2. Abschnitt: vom gemeinschaftlichen Eigentum der Miterben, §§ 115—168;
3. Abschnitt: von Gemeinschaften, welche durch Vertrag entstehen, §§ 169—310;
4. Abschnitt: von Gemeinheitsteilungen, §§ 311—361;
5. Abschnitt: von Grenzscheidungen, §§ 362—388.

18. Titel: **Vom geteilten Eigentum**, §§ 1—819, in zwei Abschnitten:
1. Abschnitt: vom Lehne, §§ 13—679;
2. Abschnitt: von Erbzinsgütern, §§ 680—819.

19. Titel: **Von dinglichen und persönlichen Rechten auf fremdes Eigentum überhaupt,** §§ 1—33.

20. Titel: **Von dem Rechte auf die Substanz einer fremden Sache,** §§ 1—657, in drei Abschnitten:
   1. Abschnitt: von dem Rechte des Unterpfandes, §§ 1—535;
   2. Abschnitt: vom Zurückbehaltungsrechte, §§ 536—567;
   3. Abschnitt: vom Verkaufs-, Näher- und Wiederkaufsrechte, §§ 568—657.

21. Titel: **Von dem Rechte zum Gebrauche oder Nutzung fremden Eigentums,** §§ 1—650, mit vier Abschnitten:
   1. Abschnitt: vom Nießbrauche, §§ 22—186;
   2. Abschnitt: von der Erbpacht, §§ 187—211;
   3. Abschnitt: von dem eingeschränkten Gebrauchs- und Nutzungsrechte fremder Sachen, §§ 227—625;
   4. Abschnitt: von den zur Kultur ausgesetzten Gütern und Grundstücken, §§ 626—650.

22. Titel: **Von Gerechtigkeiten der Grundstücke gegen einander,** §§ 1—248.

23. Titel: **Von Zwangs- und Banngerechtigkeiten,** §§ 1—95.

Zweiter Teil.

1. Titel: **Von der Ehe:** §§ 1—1119, mit elf Abschnitten:
   1. Abschnitt: von den Erfordernissen einer gültigen Ehe, §§ 3—74;
   2. Abschnitt: von Ehegelöbnissen, §§ 75—135;
   3. Abschnitt: von der Vollziehung einer gültigen Ehe, §§ 136—172;
   4. Abschnitt: von den Rechten und Pflichten der Eheleute in Beziehung auf ihre Personen, §§ 173—204;
   5. Abschnitt: von den Rechten und Pflichten der Eheleute in Beziehung auf ihr Vermögen, §§ 205—344;
   6. Abschnitt: von der Gemeinschaft der Güter unter Eheleuten, §§ 345—433;
   7. Abschnitt: von der Trennung der Ehe durch den Tod, §§ 434—667;
   8. Abschnitt: von Trennung der Ehe durch richterlichen Ausspruch, §§ 668—834;
   9. Abschnitt: von der Ehe zur linken Hand, §§ 835—932;
   10. Abschnitt: von den rechtlichen Folgen gesetzwidrig geschlossener Ehen, §§ 933—1014;
   11. Abschnitt: von den rechtlichen Folgen des unehelichen Beischlafs, §§ 1015—1119.

2. Titel: **Von den wechselseitigen Rechten und Pflichten der Eltern und Kinder,** §§ 1—773, in zwölf Abschnitten:
   1. Abschnitt: von ehelichen Kindern, §§ 1—57;
   2. Abschnitt: von den Rechten und Pflichten der Eltern und der aus einer Ehe zur rechten Hand erzeugten Kinder, so lange die letzteren unter väterlicher Gewalt stehen, §§ 58—146;
   3. Abschnitt: von dem eigentümlichen Vermögen der Kinder, §§ 147—209;
   4. Abschnitt: von Aufhebung der elterlichen Gewalt, §§ 210—270;
   5. Abschnitt: von der Erbfolge der Kinder und anderer Verwandten in absteigender Linie, §§ 271—488;

6. Abschnitt: von der Erbfolge der Eltern und anderen Verwandten in aufsteigender Linie, §§ 489—520;
7. Abschnitt: von der Pupillar-Substitution, §§ 521—554;
8. Abschnitt: von den Kindern aus einer Ehe zur linken Hand, §§ 555—591;
9. Abschnitt: von den aus unehelichem Beischlaf erzeugten Kindern, §§ 592—665;
10. Abschnitt: von der Annahme an Kindesstatt, §§ 666—716;
11. Abschnitt: von der Einkindschaft, §§ 717—752;
12. Abschnitt: von Pflegekindern, §§ 753—773.

3. Titel: **Von den Rechten und Pflichten der übrigen Mitglieder einer Familie,** §§ 1—53.
4. Titel: **Von gemeinschaftlichen Familienrechten,** §§ 1—250, in sechs Abschnitten:
1. Abschnitt: von gemeinschaftlichen Familienrechten überhaupt, §§ 1—20;
2. Abschnitt: von Familienstiftungen, §§ 21—46;
3. Abschnitt: von beständigen Familien-Fideikommissen, §§ 47—133;
4. Abschnitt: von der Successionsordnung in Familienfideikommisse, §§ 134—205;
5. Abschnitt: von der Auseinandersetzung zwischen dem Fideikommißfolger und den Erben des letzten Besitzers, §§ 206—226;
6. Abschnitt: von dem Näherrechte auf Familiengüter, §§ 227—250.

5. Titel: **Von den Rechten und Pflichten der Herrschaften und des Gesindes** §§ 1—208.
6. Titel: **Von Gesellschaften überhaupt, und von Korporationen und Gemeinen insonderheit,** §§ 1—202.
7. Titel: **Vom Bauerstande,** §§ 1—548, in acht Abschnitten.
8. Titel: **Vom Bürgerstande,** §§ 1—2464, in fünfzehn Abschnitten, insbesondere:
2. Abschnitt: von Städten und Stadtgemeinen, §§ 86—178, [Kämmerei, Bürgervermögen];
6. Abschnitt: von Apothekern, §§ 456—474;
13. Abschnitt: von Versicherungen, §§ 1934—2358.

9. Titel: **Von den Pflichten u. Rechten des Adelsstandes,** §§ 1—100.
10. Titel: **Von den Rechten und Pflichten der Diener des Staates,** §§ 1—145.
11. Titel: **Von den Rechten und Pflichten der Kirchen und geistlichen Gesellschaften,** §§ 1—1232, mit zwanzig Abschnitten.
12. Titel: **Von niederen und höheren Schulen,** §§ 1—129.
13. Titel: **Von den Rechten und Pflichten des Staates überhaupt,** §§ 1—18.
14. Titel: **Von den Staatseinkünften und fiskalischen Rechten,** §§ 1—85.
15. Titel: **Von den Rechten und Regalien des Staats in Ansehung der Landstraßen, Ströme, Häfen und Meeresufer,** §§ 1—247, in fünf Abschnitten.
16. Titel: **Von den Rechten des Staats auf herrenlose Güter und Sachen,** §§ 1—480, mit vier Abschnitten, insbesondere
3. Abschnitt: vom Jagdregal, §§ 30—68.

17. Titel: **Von den Rechten und Pflichten des Staats zum besonderen Schutze seiner Untertanen**, §§ 1—183, mit zwei Abschnitten.
18. Titel: **Von Vormundschaften und Kurateln**, §§ 1—1007, mit neun Abschnitten.
19. Titel: **Von Armenanstalten und anderen milden Stiftungen**, §§ 1—89.
20. Titel: **Von Verbrechen und Strafen**, §§ 1—1577.

(Über Rechtsquellen vgl. Grundriß **1**, Seite 7—12. Über Gesetzgebnng: Grundriß **11**, Seite 28.)

§ 5. Einteilungen im Rechte.

Vgl. Grundriß **1**, Seite 2—6, 13.

ALR. unterscheidet:

a) affirmative Rechte: bestehend in einem Tun des Verpflichteten, z. B. Reallast (facere);

b) negative Rechte: in einem Nichttun bestehend, z. B. Nichthöherbauen (non facere);

c) Untersagungsrechte: durch Verbot des Berechtigten auszuüben, z. B. Aussichtsgerechtigkeit (vetare).

Andere Gegensätze im ALR.:

a) subjektiv dingliche Rechte: Berechtigter bestimmt sich nach einem Grundstücke, z. B. Auenrecht (das Recht eines Rittergutes auf das Eigentum an den herrenlosen Teilen der bäuerlichen Feldmark);

b) objektiv dingliche Rechte: auf Grundstücken oder Gerechtigkeiten lastend, z. B. Zwangsrechte; sie heißen technisch: Rechte **auf** die Sache;

c) Rechte zur Sache berechtigen eine Person, das Geben oder die Gewährung einer bestimmten Sache zu verlangen.

1. Kapitel.

Allgemeiner Teil.

§ 6. Die natürliche Person.

Vgl. Grundriß **1**, Seite 13.

Jeder Mensch ist rechtsfähig; Sklaverei ist verboten. Jedoch sollten Fremde, die ihre Sklaven mitbringen, in deren Besitz nach ALR. beschützt werden; beseitigt durch Gesetz vom 9. März 1857.

Bürgerlicher Tod tritt ein durch Ablegung eines Klostergelübdes (Profeßleistung); beseitigt — soweit er Strafe ist —

durch Verfassung. Beerbung der Klosterleute durch ihre Verwandten, nicht durch den Orden.

Beginn der Rechtsfähigkeit: mit Vollendung der Geburt. Vitalität nicht erfordert. Lebenspräsumtion: bis zum 70. Lebensjahre.

Ende der Rechtsfähigkeit: Tod, Todeserklärung, bürgerlicher Tod. — Keine Kommorientenpräsumtion.

Todeserklärung nach ALR. (entsprechend der Verordnung von 1763) zulässig, wenn bereits zehn Jahre seit der letzten Kunde über den Verschollenen abgelaufen.

Wirkungen der Todeserklärung ex nunc (also: Rechtskraft des Erkenntnisses). Insbesondere:

a) Ehe gilt als gelöst; ist jedoch der zurückgebliebene Gatte nicht mit anderen verheiratet, dann Ehe wiederhergestellt.

b) Beerbung durch die Intestaterben. Bei Rückkehr hat der Verschollene Anspruch auf Herausgabe der Bereicherung; bei Rückkehr erst nach 30 Jahren hat er nur Anspruch auf Alimentation.

Altersstufen. Minderjährigkeit nach ALR. bis zum vollendeten 24. Lebensjahr (Reichsgesetz vom 17. Februar 1875: 21. Lebensjahr).

Über Geschäftsfähigkeit Minderjähriger das Gesetz vom 12. Juni 1875, nämlich:

a) bis zum vollendeten 7. Lebensjahre: geschäftsunfähig,

b) über 7 Jahre: können sich selbständig berechtigen, nicht aber selbständig verpflichten; zweiseitige Geschäfte bleiben bis zur Genehmigung durch gesetzlichen Vertreter in der Schwebe; Mitkontrahent kann zur Genehmigung auffordern; bleibt Antwort (binnen 14 Tagen) aus, dann Ungültigkeit. — Insbesondere: Selbständigkeit zum Abschlusse von Geschäften, wenn Minderjähriger in Dienstverhältnis oder Erwerbsgeschäft.

Unmündigkeit dauert nach ALR. bis zum vollendeten 14. Lebensjahr, und zwar für beide Geschlechter. Mündige können bis 18. Jahr mündlich (zu gerichtl. Protokoll) testieren.

Großjährigkeitserklärung nach vollendetem 18. Jahre durch Vormundschaftsgericht.

Geisteskrankheit. ALR. unterscheidet:

Wahnsinnige (Rasende), welche des Gebrauches ihrer Vernunft völlig beraubt sind; sie sind absolut handlungsunfähig;

Blödsinnige, welchen das Vermögen, die Folgen ihrer Handlungen zu überlegen, ermangelt; sie können sich berechtigen. Nach Entmündigung werden lichte Zwischenräume nicht mehr berücksichtigt.

Verschwender nach Entmündigung stehen Unmündigen gleich.

§ 7. Die juristische Person.

Vgl. Grundriß **1**, Seite 17; **6**, Seite 14.

Entstehung einer juristischen (moralischen) Person im allgemeinen durch staatliche Genehmigung; jedoch Verfassung Art. 13: „Religionsgesellschaften sowie die geistlichen Gesellschaften, welche keine Korporationsrechte haben, können diese Rechte nur durch besondere Gesetze erlangen.“

Arten: öffentliche und private; insbesondere:

a) Fiskus (Staat); Stadt- und Landgemeinden, sowie andere kommunale Verbände; Innungen und Zünfte;

b) Familien bezüglich der Familienstiftungen und -fideikommisse;

c) Universitäten, Gymnasien; Krankenkassen und -vereine, Armen-, Versorgungsanstalten; Predigerseminare; bischöflicher Stuhl;

d) Vereinigungen, denen Korporationsrechte besonders verliehen sind, z. B. Freimaurerlogen;

e) Anstalten, Stiftungen;

f) Religionsgemeinschaften; jedoch sind bei diesen zu unterscheiden:

α) privilegierte, nämlich die evangelische Landeskirche und die römisch-katholische Kirche,

β) öffentlich aufgenommene, sog. Religionsgesellschaften mit Korporationsrechten, z. B. Herrnhuther, Altlutheraner, Mennoniten, Synagogengemeinden,

γ) bloß geduldete, ohne Korporationsrechte (d. h. ohne juristische Persönlichkeit), z. B. Irvingianer.

Endigung der juristischen Person:

a) durch Fortfall des Substrates, z. B. Aussterben,

b) durch Auflösungsbeschluß, einstimmig und mit staatlicher Genehmigung,

c) durch Verwaltungsakt, z. B. wegen Gefährdung des Staatswohles.

Vermögensanfall mangels besonderer Bestimmungen an Fiskus; dieser hat es zu verwandten Zwecken zu verwenden.

Verfassung der juristischen Person nach besonderen Gesetzen (z. B. für Stadtgemeinden rc.), in deren Ermangelung §§ 27 ff. ALR. II, 6. — Korporation als Rechtssubjekt ist scharf zu trennen von dem einzelnen Mitgliede.

Beschränkung des unentgeltlichen Erwerbes über 3000 Mk. (Gesetz von 1870, Amortisationsges.) durch Erfordernis königlicher Genehmigung.

Erlaubte Privatgesellschaft (Halbkorporation) hat nicht die äußeren Rechte einer moralischen Person, sondern nur im Innern ihr nachgebildet. Daher kein Vermögenserwerb wie bei einer juristischen Person. Indessen, im Innern: Gesellschafter können nicht Teilung fordern, sie haften den Gläubigern anteilig.

§ 8. Das Rechtsobjekt.

Vgl. Grundriß **1**, Seite 20.

Sache überhaupt ist alles, was Gegenstand eines Rechtes oder einer Verbindlichkeit sein kann; insbesondere auch Rechte.

Sache im engeren Sinne ist nur, was von Natur oder durch Übereinkunft der Menschen eine Selbständigkeit hat, vermöge deren es Gegenstand eines dauernden Rechtes sein kann.

Zur **Substanz** gehören alle Teile und Eigenschaften einer Sache, ohne welche sie nicht das sein kann, was sie vorstellen soll, oder wozu sie bestimmt ist.

Rechte gelten im allgemeinen als bewegliche Sachen; sie gelten jedoch als unbeweglich:

a) wenn die Befugnis zur Ausübung eines Rechtes mit dem Besitze einer unbeweglichen Sache verbunden ist,

b) wenn sie durch besondere Gesetze (z. B. Berggesetz, Grundbuchordnung) für unbeweglich erklärt sind.

Zubehör oder Pertinenzstück ist eine Sache, die zwar für sich selbst bestehen kann, die aber mit einer anderen Sache in eine fortwährende Verbindung gesetzt worden ist. Pertinenzen nehmen an dem Rechte der Hauptsache teil. Nicht getrennte Früchte sind Pertinenz.

§ 9. Das Rechtsgeschäft.

Vgl. Grundriß **1**, Seite 23—26, 26—28.

Erwerbungsart ist die Handlung oder Begebenheit, wodurch jemand ein Recht auf eine Sache erlangt.

Titel ist der gesetzliche Grund, vermöge dessen eine Erwerbungsart die Kraft hat, daß dadurch das Recht erworben werden kann.

Willenserklärung ist eine Äußerung dessen, was nach der Absicht des Erklärenden geschehen oder nicht geschehen soll.

Willenserklärung mit rechtlicher Wirkung (d. i. Rechtsgeschäft) hat zur Voraussetzung:

a) daß der Erklärende über den Gegenstand, nach dem Inhalte seiner Erklärung, zu verfügen berechtigt ist,

b) daß er mit Vernunft und Überlegung handelt,

c) daß die Willenserklärung frei, ernstlich und gewiß (zuverlässig) ist.

Demnach ist **für eine rechtliche Willenserklärung notwendig**:

1. ein geeigneter Gegenstand, z. B. nicht eine res extra commercium, ferner nicht das Versprechen dauernder Ehelosigkeit;

2. persönliche Fähigkeit, vgl. w. o. Seite 19;

3. Freiheit des Willens: diese fehlt bei Zwang durch physische Gewalt oder bei gefährlicher Drohung; eine so abgegebene Willenserklärung ist ohne verbindliche Kraft (unkräftig);

4. ernster Wille, welcher fehlt (und die Erklärung ungültig macht):

a) bei Scherz, Simulation,

b) bei wesentlichem Irrtume, d. i. Irrtum in dem Wesentlichen des Geschäftes oder in dem Hauptgegenstande der Willenserklärung.

Im Falle des Betruges ist die Willenserklärung für den Betrogenen unverbindlich.

Vertrag ist wechselseitige Einwilligung zur Erwerbung oder Veräußerung eines Rechtes. Einteilung der Verträge in:

a) lästige: wenn beide Teile gegenseitige Verbindlichkeiten übernehmen,

b) wohltätige: wenn nur ein Teil etwas zu Gunsten des andern zu geben, zu leisten, zu dulden oder zu unterlassen verpflichtet wird.

Antrag zu einem Vertrage (Offerte) ist der spezielle Vertragsantrag an eine bestimmte Person, daher keine Offerte an eine persona incerta. Der Offerent muß die Erklärung des Oblaten eine gewisse (oder im Antrage bestimmte) Zeit lang abwarten. Im Zweifel bleibt der Offerent — unter Ortsanwesenden, aber nicht Gegenwärtigen — 24 Stunden, bei Ortsverschiedenheit so lange gebunden, bis die zweite Post eingegangen ist.

§ 10. Die Form der Rechtsgeschäfte.

Bedeutung der Form: entweder Gültigkeit oder Klagbarkeit oder Sicherung des Beweises.

Entwickelung: Stempeledikt von 1766 verlangt Schriftlichkeit der Kauf-, Pacht- und Mietsverträge bezüglich Immobilien, wenn über 50 Taler; bei Verletzung: Nichtigkeit.

Edikt von 1770 verlangt — bei Strafe der Nichtigkeit — Schriftform für alle Verträge; bei einseitiger Erfüllung mündlicher Verträge keine Pflicht zur Gegenleistung, keine Kondiktion. Jedoch Ausnahme: Vindikation gegen Empfänger einer Mobilie, binnen 1 Jahres zur Erfüllung eines mündlichen Vertrages.

Durch Edikt von 1781 Kondiktion bei einseitiger Erfüllung mangels Gegenleistung.

Zur **Schriftlichkeit** nach ALR. genügt Unterschrift unter eine den Inhalt des Geschäftes bezeichnende Urkunde (z. B. Brief); erforderlich ist nur die Unterschrift desjenigen, der sich verpflichtet, oder der etwas aufgibt. — Mündliche Nebenabreden neben schriftlichen Verträgen sind unverbindlich.

Fälle vorgeschriebener Schriftform:

a) Verträge, deren Gegenstand über 150 Mark sich beläuft; jedoch Ausnahmen: Schriftform ist nicht erforderlich für:

α) Gesindeverträge (Mietsgeld wesentlich),
β) Depositum, Kommodat, Darlehn, receptum nautarum, cauponum, stabulariorum,
γ) Verträge über Mobilien, wenn beide Teile sofort erfüllen,
δ) Verträge über bewegliche körperliche Sachen, außerhalb Landes abgeschlossen an einem Orte, wo mündliche Verträge ohne Unterschied gültig sind;

b) einseitige Willenserklärungen über 150 Mark, deren Folgen auf die Zukunft sich erstrecken;

c) Entsagungen, Verzichte;

d) Verträge und Willenserklärungen über Eigentum an Grundstücken, Grundgerechtigkeiten und beständige persönliche Lasten und Pflichten;

e) Verpflichtungen zu terminlichen Leistungen, deren Summe unbestimmt oder über 150 Mark ist;

f) zweiseitig gewagte Geschäfte;

g) Beitrittserklärung eines Dritten zu einem schriftformbedürftigen Vertrage.

Folge der Verabsäumung der Schriftform ist Klaglosigkeit, also Naturalobligation; durch Anerkennung in Schriftform wird Mangel geheilt. Bei Immobilien Heilung nur durch Auflassung möglich; selbst bei beiderseitiger Erfüllung eines mündlichen (aber nicht durch Auflassung geheilten) Immobiliarvertrages ist Rückforderung möglich.

Insbesondere gilt:

a) bei einseitiger Erfüllung eines mündlichen Vertrages hat der Erfüllende ein Wahlrecht:

α) er kann den Vertrag aufrufen (für unwirksam erklären) und das Geleistete, so wie es jetzt ist, zurückfordern,
β) er kann den vertraglichen Gegenwert seiner Erfüllung beanspruchen;

b) bei beiderseitiger Erfüllung (außer bei Immobiliarverträgen) ist der Mangel geheilt.

Gerichtliche Form wird bei Verträgen Blinder oder Taubstummer erfordert.

Gerichtliche oder noterielle Form:

a) kann statt der einfachen Schriftform stets verwendet werden,

b) muß angewendet werden:

α) bei Analphabeten oder bei solchen, die der Sprache der Urkunde nicht mächtig sind,

β) bei allen Verträgen, die eine Eintragung ins Grundbuch begründen,

γ) bei Familien- und erbrechtlichen Verträgen gewisser Art.

§ 11. Bedingung und Befristung.

Vgl. Grundriß **1**, Seite 28.

Willenserklärung ist **bedingt,** wenn das daraus entstehende Recht von einem Ereignisse, das eintreffen oder nicht eintreffen soll, abhängig ist.

Einteilungen: aufschiebend — auflösend, möglich — unmöglich.

Einzelne Fälle:

a) ganz unbestimmte Willkür des Erklärenden (si velit) macht das Geschäft wirkungslos;

b) ist Beschaffung des Vorteils eines Dritten bedingt, schlägt dieser aber aus, dann Bedingung ausgefallen;

c) unmögliche Bedingung macht stets nichtig;

d) unerlaubte Bedingung gilt bei letztwilligen Verfügungen als nicht geschrieben, bei anderen macht sie nichtig;

e) perplexe oder unverständliche Bedingung macht nichtig;

f) unnütze Bedingung gilt für Lebzeiten des Bedingenden; nach seinem Tode kann sie durch Urteil beseitigt werden.

Zeitbestimmung läßt das Recht sofort entstehen und schiebt nur die Fälligkeit hinaus.

Erbeseinsetzung unter Anfangs- und Endtermin zulässig.

Endzweck (modus) ist eine Bestimmung, bei der aus dem Inhalte der Willenserklärung oder aus den Umständen erhellt, daß der Erklärende bei dem, was er dem anderen zu tun oder zu unterlassen auferlegt, dessen eigenen Vorteil zur Absicht gehabt hat. Bei Nichterfüllung inter vivos: Rückforderung.

§ 12. Die Verjährung.

Vgl. Grundriß **1**, Seite 31.

Verjährung ist Untergang des Rechtes durch Zeitablauf; der Präskribent (zu dessen Gunsten sie läuft) erwirbt das Recht, wenn er während der Verjährungszeit es besessen hat.

Unzulässig ist die Verjährung:

a) der aus der bürgerlichen Freiheit entspringenden Rechte (res merae facultatis),

b) der Rechte, die nur Bestandteile umfassenderer Rechte sind,

c) der im Grundbuche eingetragenen Rechte (wohl aber ist die Verjährung einzelner Ansprüche, z. B. Hypothekenzinsen, zugelassen).

Arten: erlöschende und erwerbende Verjährung.

Erlöschende Verjährung:

a) regelmäßig: 30 Jahre,

b) kurze Verjährung (nach dem Gesetze vom 31. März 1838 für Ansprüche des täglichen Lebens: 2 Jahre,

c) für Delikts= und Schadensersatzansprüche: 3 Jahre.

Ausgeschlossen ist die erlöschende Verjährung zwischen Ehegatten, Hausvater und Kindern, Vormund und Mündel; gehemmt ist sie z. B. gegenüber einem Minderjährigen (vollendet sie sich während Minderjährigkeit des Gläubigers, dann Restitution).

Unterbrochen wird die Verjährung durch Anmeldung der Klage (heute: Zustellung) und im Konkurse.

Erwerbende Verjährung (Ersitzung) nicht auf Eigentum und Grundgerechtigkeiten beschränkt, sondern auch bei anderen Rechten, an denen Besitz möglich, zugelassen.

Ausnahmsweise: wenn 30 Jahre Zinsen gezahlt sind, dann kann vermöge eines durch Verjährung erworbenen Rechtes das Kapital als Darlehn beansprucht werden.

Der **Umfang** des ersessenen Rechtes richtet sich nach dem Besitze: quantum possessum, tantum praescriptum.

Guter Glaube muß die ganze Ersitzungszeit dauern; Besitz muß vollständig sein.

Ungewöhnliche Ersitzung (ungewöhnliche Verjährung) ist jede, die mehr als 30 Jahre dauert. Insbesondere:

1. bei unmittelbarem Erwerbe vom Diebe: 40 Jahre für den ersten gutgläubigen Erwerber;

2. bei unständigen Gerechtigkeiten (die nur manchmal ausgeübt werden) in 40 Jahren bei mindestens 3 Jahr Ausübung.

3. Gegen Fiskus, Kirchen und gewisse privilegierte Korporationen. 44 Jahre. (44 Jahr d. i. 40 Jahre und Frist für Wiedereinsetzung in den vorigen Stand).

Wer 44 Jahre den **Adel** führt, zu dessen Gunsten besteht die Vermutung der Richtigkeit.

Normaljahr: wer 1740 in ruhigem Besitze war, ist hierzu den Ansprüchen des Staates gegenüber berechtigt.

§ 13. Der Rechtsschutz.

Vgl. Grundriß **1**, S. 31, 33.

Kaution kann sein:

1. juratorische Kaution (d. i. durch den Eid), wenn sie auf andere Art nicht bestellt werden kann;
2. Realkaution (durch Bürgschaft oder Pfänder); bei Verpfändung gilt es nur dann als hinreichend, wenn bei Landgütern innerhalb der ersten zwei Drittel, bei städtischen Grundstücken innerhalb der ersten Hälfte des Wertes versichert und im Grundbuche eingetragen wird; bei Mobilien bis drei Viertel des abgeschätzten Wertes.
3. Bürgen sind nur tauglich, wenn sie mit Grundstücken angesessen sind und mit diesen Sicherheit geben.

Schuldhaft durch Gesetz vom 29. Mai 1868 beseitigt.

2. Kapitel.

Sachenrecht.

§ 14. Der Besitz.

Vergl. Grundriß **3**, 2.

Besitzer einer Sache: wer eine Sache in der Absicht, darüber für sich selbst zu verfügen, unmittelbar oder durch andere in seine Gewahrsam nimmt.

Besitzer eines Rechtes: wer ein Recht für sich selbst ausübt.

Inhaber einer Sache (Gewahrsam): wer das physische Vermögen hat, über eine Sache mit Ausschließung anderer zu verfügen, oder wer eine Sache nur in der Absicht, darüber für einen andern oder in dessen Namen zu verfügen, in seiner Gewahrsam hat.

Inhaber eines Rechtes: wer ein Recht ausübt.

Vollständiger Besitzer: wer eine Sache oder ein Recht als sein Eigen besitzt.

Unvollständiger Besitzer: wer eine Sache oder ein Recht zwar als fremdes Eigentum, aber doch in der Absicht, darüber für sich selbst zu verfügen, in seine Gewahrsam übernommen hat.

Vollständiger titulierter Besitz: wenn der Besitz auf einem Rechtsgrunde beruht, durch den das Eigentum erlangt werden kann.

Unredlicher Besitzer: wer es weiß, daß er aus keinem gültigen Grunde besitzt.

Unrechtfertiger Besitzer: wer aus Unwissenheit der Gesetze in der Gültigkeit seines Besitztitels irrt.

Unvorsichtiger Besitzer: wer schon zur Zeit der Erwerbung des Besitzes, bei der Anwendung eines gewöhnlichen Grades von Aufmerksamkeit, Ursache hatte, an der Gültigkeit seines Besitztitels zu zweifeln, und sich dennoch ohne weitere Untersuchung den Besitz zueignet.

Es kommt daher stets auf das **Besitzrecht** an; wem dieses fehlt, wie z. B. dem Diebe, dessen tatsächliche Gewalt ist nicht Besitz, sondern Gewahrsam.

Erwerb des Sachbesitzes erfolgt durch Apprehension, d. i. Erwerbung der tatsächlichen Gewalt über die Sache und Willen. Jedoch ist Vertretung im Willen gestattet, z. B. Besitzerwerb für moralische Personen, Kinder, Geisteskranke.

Erlangung der tatsächlichen Gewalt kann erfolgen:

a) durch körperliche Tradition (eigentliche Tradition);

b) durch uneigentliche Tradition, z. B. symbolisch, durch Anweisung, durch Willensäußerung (brevi manu traditio, constitutum possessorium); (im letzteren Falle, wenn über 150 Mk., dann Schriftlichkeit; vgl. weiter oben S. 24).

Verlust des Besitzes durch Untergang der Sache, Verlust des Willens oder der tatsächlichen Gewalt, Resolutivbedingung, Endtermin, Tod des Besitzers.

Besitzer und Inhaber dürfen bei Gefahr im Verzuge gegenüber widerrechtlicher Eigenmacht sich verteidigen.

Wer seinen Besitz nachweist, für den streitet die Vermutung der Rechtmäßigkeit.

Besitzesschutz:

1. possessorische Klagen wegen Störung und wegen Entsetzung; Voraussetzungen: ruhiger Besitz des Klägers und animus turbandi des Beklagten bei der Störung oder Entziehung durch den Beklagten, und zwar: sowohl Störung als Entziehung vi, clam, precario;

2. nach AGO. ist Voraussetzung der Besitzklage: Neuerlichkeit der Turbation.

3. die Besitzklage ist duplex.

4. Schadensersatzanspruch muß in besonderem Verfahren geltend gemacht werden.

§ 15. Die dinglichen Rechte überhaupt.

Vgl. Grundriß **3**, S. 8.

Erwerb dinglicher Rechte hat zur Voraussetzung:

a) titulus, d. i. Erwerbsgrund, nämlich Willenserklärung oder Gerichtsurteil oder Gesetz;

b) modus, d. i. Erwerbsform, nämlich Eintragung in das Grundbuch oder Besitzergreifung.

Daher Einteilung der Rechte in dingliche, persönliche und Rechte zur Sache. Insbesondere große Mannigfaltigkeit dadurch ermöglicht, daß durch Eintragung jedes Recht dinglich werden kann, z. B. Anwartschaften.

Recht zur Sache ist ein persönliches Recht (d. i. die Befugnis, von dem Verpflichteten zu fordern, daß er etwas geben, leisten, erstatten oder unterlassen solle), **welches das Geben oder die Gewährung einer bestimmten Sache zum Gegenstande hat.** Auf Grund dieses jus ad rem hat der Gläubiger gegen den späteren Erwerber der Sache, der sie in Kenntnis jenes jus ad rem erworben hat, ein Klagerecht. Jedoch Beschränkungen durch EEG.:

a) bei **Auflassung** schadet dem Erwerber des Grundstückes die Kenntnis nicht;

b) wer durch **Eintragung** ein dingliches Recht an fremder Sache erwirbt, dem schadet nicht, daß er das entgegenstehende Recht eines Dritten kannte.

---

§ 16. Das preußische Grundbuch.

Vgl. Grundriß **3**, S. 10, 11.

Edikt vom 28. September 1693: Errichtung eines Erb- und Lagerbuches für Berlin und Cölln; bis zur Eintragung ist jeder Immobiliartitel nichtig.

Allgemeine Hypotheken- und Konkursordnung vom 4. Februar 1722: Formular für Einrichtung der Grundbücher, Vorzugsrecht für Hypotheken von Eintragung abhängig, Eigentumserwerb an Immobilien erst mit Eintragung.

Land- und Hypothekenordnung für Schlesien vom 4. August 1750: Einführung des preußischen Hypothekenwesens in Schlesien, angängige Nachahmung in den anderen Provinzen gestattet.

Hypothekenordnung vom 20. Dezember 1783 (Svarez): für jedes Immobile ein folium mit Eigentümernamen, dinglichen Verpflichtungen und Hypotheken; jedoch Eigentumserwerb auch ohne Eintragung möglich, z. B. durch Besitzübertragung nach schriftlichem Vertrage. Freilich kann der Richter durch Strafe zur Eintragung binnen einem Jahre seit dem Erwerbe anhalten, sog. Zwangsbesitztitelberichtigung. Beseitigung der Zwangsbesitztitelberichtigung durch Kabinettsorder vom 20. Oktober 1831.

Hypothekennovelle vom 24. Mai 1853: Erleichterung der Formvorschriften.

Durchgreifende **Reform** durch drei Gesetze vom 5. Mai 1872:

a) **Gesetz über den Eigentumserwerb und die dingliche Belastung der Grundstücke, Bergwerke und selbständigen Gerechtigkeiten,** sog. Eigentumserwerbsgesetz;

b) **Grundbuchordnung;**

c) **Gesetz über die Form der Verträge, durch welche Grundstücke zerteilt werden,** sog. Dismembrationsgesetz.

EEG. regelt — als Novelle zum ALR. — das materielle Recht; durch GBO. wird das formelle Recht geregelt. Grundbuch wird nicht mehr vom Kollegialgericht, sondern vom Grundbuchamt (Einzelrichter), Amtsgericht, geführt. — Grundbuch; dazu Grundakten, enthaltend die Tabelle (Abschrift des Grundbuchblattes) und die vorhandenen Verhandlungen und Urkunden. Bezugnahme auf Grundsteuerbücher.

Grundbuch hat einen Titel (genaue Bezeichnung des Grundstückes) und sodann drei Rubriken, nämlich:

a) **Eigentumsblatt;** Eintragung des Erwerbsgrundes fakultativ;

b) **dingliche Belastungs- und Nutzungsrechte;**

c) **Pfandrechte.**

In der Regel Realfolium (jedes Grundstück hat besonderes Blatt); jedoch bei zersplittertem Grundeigentum auch Personalfolium möglich (ein Blatt, sog. Artikel, für sämtliche Grundstücke desselben Eigentümers).

Grundbuchprinzipien:

a) Zulässigkeit der Eintragung bei fundiertem Antrage der Beteiligten; statt der früher erforderlichen Urkunde genügt Bewilligung der Passivbeteiligten (d. i. der durch die Eintragung Belasteten), sog. **Konsensprinzip.** Das Grundbuchamt trägt nach der Reihenfolge der bei ihm erfolgten Antragstellung ein.

b) **Lokusprinzip:** für Priorität ist die Stelle in der Abteilung (sog. Nummer) maßgebend; bei verschiedenen Abteilungen entscheidet das Datum der Eintragung.

c) Auflassung ist nach EEG. die einzige Form des Erwerbes bei freiwilliger Veräußerung; hingegen Eigentumserwerb ohne Auflassung möglich bei Gütergemeinschaft, Erbgang, Zuschlag, Enteignung. Daher **Duplizität** möglich: alter Eigentümer steht noch zu Buch (Bucheigentum, Tabulareigentum), obwohl bereits neuer Erwerber.

d) Auf die Angaben des Grundbuches (auch wenn materiell nicht richtig) kann der redliche Dritte sich verlassen: **öffentlicher Glaube.**

e) Öffentlichkeit des Grundbuches für den nach richterlichem Ermessen Interessierten.

f) **Legalitätsprinzip** (Eintragung nur, wenn Nachweis der gesetzlichen Grundlagen) besteht nicht, da statt dessen das Konsensprinzip (siehe w. o. zu a).

g) **Legitimationsprinzip:** Richter hat Persönlichkeit festzustellen, Vorhandensein von Vollmacht, behördlicher Genehmigung u. s. w. zu prüfen.

Vormerkung. In der Regel nur Eintragung auf liquider Grundlage; jedoch, wenn schon zuvor Eintragung nötig, Vormerkung (protestatio) möglich, damit bei späterer Liquidität der

Grundlage die Vormerkung zu vollgültiger Eintragung wird; **Hauptzwecke**: Wahrung der Priorität (protestatio pro conservando loco) und Erhaltung von Einreden (protestatio pro conservandis exceptionibus). Eintragung erfolgt:

a) bei einstweiliger Verfügung des Prozeßgerichtes,

b) bei Vereinbarung (konsentierte oder uneigentliche Vormerkung).

Durch die bürgerliche Gesetzgebung auch **neues Grundbuchrecht** des Reiches, insbesondere:

Grundbuchordnung vom 24. März 1897.

Gesetz über die Zwangsversteigerung und die Zwangsverwaltung vom 24. März 1897.

Gesetz über die Angelegenheiten der freiwilligen Gerichtsbarkeit vom 17. Mai 1898.

Hypothekenbankgesetz vom 13. Juli 1899.

Hierzu für das **preußische** Recht:

Ausführungsgesetz zum Bürgerlichen Gesetzbuche vom 20. September 1899.

Gesetz über die freiwillige Gerichtsbarkeit vom 21. September 1899.

Ausführungsgesetz zum Reichsgesetze über die Zwangsversteigerung und die Zwangsverwaltung vom 23. September 1899.

Ausführungsgesetz zur Grundbuchordnung vom 26. September 1899.

Verordnung, betreffend das Grundbuchwesen, vom 13. November 1899.

Allgemeine Verfügung des Justizministers vom 18. November 1899.

Allgemeine Verfügung des Justizministers vom 20. November 1899 zur Ausführung der Grundbuchordnung.

Bekanntmachung des Justizministers v. 29. Januar 1900.

§ 17. Das Eigentum.

Vgl. Grundriß **3**, 11 bis 19.

Eigentümer heißt derjenige, welcher befugt ist, über die Substanz einer Sache, mit Ausschließung anderer, aus eigener Macht, durch sich selbst oder einen Dritten zu verfügen.

Unter dem Eigentume begriffene Rechte sind nach ALR.:

a) **Proprietät:** das Recht über die Substanz der Sache zu verfügen;

b) **Nutzungsrecht:** das Recht, eine Sache zu seinem Vorteile zu gebrauchen.

Eingeschränktes Eigentum: dem Eigentümer sind gewisse Arten der Ausübung der Eigentumsrechte versagt.

Geteiltes Eigentum: Obereigentum (dominium directum) und Untereigentum (dominium utile).

Miteigentum: verfügungsberechtigt ist nur die Gesamtheit der Miteigentümer (Entscheidung nach Stimmenmehrheit); der einzelne ist nicht zur Verfügung über bestimmte Teile berechtigt, kann jedoch Sicherstellung seines Individualrechtes verlangen, hat ferner gesetzliches Vorkaufsrecht (bezüglich zu veräußernder Anteile anderer) und kann Auseinandersetzung, ev. durch Subhastation verlangen.

Unmittelbarer Eigentumserwerb kann erfolgen durch:

a) **Aneignung,** occupatio, herrenloser Sachen; jedoch Ausnahmen für:

α) herrenlose Grundstücke; ausschließliches Okkupationsrecht des Staates (oder Gemeinde oder Rittergut);

β) jagdbare Tiere; ursprünglich Jagdregal (ALR.), dann Zubehör des Grundeigens (Jagdgesetz vom 31. **Oktober 1848**) unter Beseitigung des dinglichen Jagdrechtes auf fremdem Grunde; — später Beschränkung der Selbstausübung (Jagdpolizeigesetz vom 7. November 1850): nur wer mindestens 300 Morgen zusammenhängenden Grundeigentumes hat, darf selbst jagen; für kleinere Eigentümer wird Jagdgenossenschaft gebildet.

b) **Fund,** wenn Eigentümer nicht ermittelt wird; — jedoch erhält Armenkasse die Hälfte des Betrages über 300 Mk. Bei Ermittelung des Eigentümers bekommt der Finder Finderlohn, und zwar bis 1500 Mk. 10%, darüber 1%.

c) **Spezifikation:** bei Redlichkeit des Verarbeiters und gegen Materialersatz.

d) **Fruchtzuwachs** für den Nutzungsberechtigten, sobald die Früchte erkennbar hervortreten.

Mittelbarer Eigentumserwerb geschieht durch:

a) **Tradition,** Übergabe (nach ALR. bei Mobilien und Immobilien) und **Titel** zur Übereignung; vgl. w. o. Seite 22. Bei Distanzkauf geht Eigentum mit Absendung über.

b) **Auflassung** (siehe w. o. Seite 24) von Grundstücken ist

Bewilligung des eingetragenen Eigentümers, daß Eigentum auf den Erwerber übergehe; Erwerber beantragt Eintragung.

Auflassung und Antrag erfolgen **mündlich vor dem Richter,** entweder in Person oder durch Spezialbevollmächtigten. Übereignung geschieht hierbei durch Auflassung **und** Eintragung.

Eigentumsbeschränkungen bei Immobilien:

a) Überfallsrecht,

b) **Fensterrecht**:

„Sind jedoch die Fenster des Nachbars, vor welchen gebaut werden soll, schon seit zehn Jahren oder länger vorhanden, und die Behältnisse, wo sie sich befinden, haben nur von dieser Seite her Licht, so muß der neue Bau soweit zurücktreten, daß der Nachbar noch aus den ungeöffneten Fenstern des untern Stockwerks den Himmel erblicken könne";

c) Öffnungen nach der Nachbarseite müssen 6 Fuß vom Boden und vergittert sein;

d) Kloaken, Schweineställe u. s. w. müssen bestimmte Entfernung von der Nachbargrenze haben;

e) Immissionen im ALR. nicht untersagt (wohl aber durch Plenarbeschluß des Obertribunals).

f) Zum Schaden oder zur Unsicherheit des gemeinen Wesens, oder zur Verunstaltung der Städte und öffentlichen Plätze soll kein Bau und keine Veränderung vorgenommen werden. Daher: Baukonsens erforderlich (gemäß Baupolizeiordnung).

§ 18. Die anderen dinglichen Rechte an Grundstücken.

Vgl. Grundriß **3**, 19 bis 28.

Nur durch Eintragung vollzieht sich der Erwerb von Hypotheken und Grundschulden. Andere dingliche Rechte werden nach allgemeinen Grundsätzen erworben; sie wirken jedoch nur durch Eintragung gegen Dritte.

Ausnahme: auch ohne Eintragung wirken gegen Dritte: Miete, Pacht, gewisse Grundgerechtigkeiten und Reallasten, gesetzliche Vorkaufsrechte.

Miete (Pacht) wird durch freiwillige Veräußerung nicht berührt. Bei Zwangsversteigerung kann Ersteher kündigen, aber unter Einhaltung der gesetzlichen Kündigungsfrist.

Nießbrauch ist vollständiges Nutzungsrecht unbeschadet der Substanz.

Erwerb der Früchte bei ihrem Hervortreten; für letztes Fruchtjahr tritt Teilung nach der Dauer ein. Ausübung des Nießbrauches ist übertragbar.

Pflichten des Nießbrauchers: Instandhaltung der Sache (jedoch nicht Hauptreparaturen, z. B. bei Gebäuden solche, die mehr als $^1/_4$ der Jahresmiete kosten), Zahlung der Hypothekenzinsen, Tragung der Lasten.

Nießbrauch an Forderung gewährt Zinsgenuß; Beitreibung des Kapitals steht dem Nießbraucher zusammen mit dem Eigentümer zu.

Daneben: **Gebrauchsrecht** zur Notdurft (höchstpersönlich).

Grundgerechtigkeit darf nicht lediglich in einem Tun bestehen, jedoch unterstützendes Tun, z. B. Reparaturpflicht, zugelassen.

Entstehung durch schriftlichen Vertrag oder durch Ersitzung; nach ALR. Eintragung erforderlich (außer bei sichtbaren oder die Utilität nicht mindernden). Aufhebung durch Verzicht (einseitig, auch stillschweigend, z. B. entgegenstehende Anlage) möglich.

Reallasten bestehen in einem Tun; Arten:

a) private Reallasten,

b) gemeine Lasten, auf öffentlichrechtlicher Grundlage entstanden, stets gegen Dritte wirksam.

Immobiliarpfandrecht in zwei Formen:

a) **Hypothek,** im Anschlusse an eine persönliche Forderung, unter Eintragung des Schuldgrundes;

b) **Grundschuld,** ohne Beziehung zu einer persönlichen Forderung, ohne Eintragung eines Schuldgrundes.

Besondere Art von a ist die Kautionshypothek, bei der, weil Schuldhöhe unbekannt ist, ein Höchstbetrag eingetragen wird.

Hypothek **entsteht** nur durch Eintragung infolge:

a) der Bewilligung des Bucheigentümers (Ersatz der Bewilligung: rechtskräftige Verurteilung zur Bestellung);

b) des Antrages einer zuständigen Behörde, z. B. Zwangsversteigerungsrichter läßt rückständige Kaufgelder eintragen;

c) des Antrages eines Gläubigers, der vollstreckbaren Titel nachweist.

Verbriefung der Hypothek auf Antrag; Geltendmachung hängt dann vom Briefe ab.

Für die Hypothek haften:

a) das Immobile;

b) seine Pertinenzen;

c) das Inventar, es wird jedoch frei durch Veräußerung und Entfernung vor Beschlagnahme;

d) die Früchte, getrennte Früchte werden jedoch durch Veräußerung frei;

e) die nicht gezahlten Miets- und Pachtzinsen;

f) die zu erwartende Versicherungssumme.

Wegen **Priorität** siehe w. o. Seite 31; Prioritätszession zulässig.

Abtretung der Hypothek erfolgt durch schriftlichen Vertrag; Übergabe des Briefes ist jedoch zu voller Berechtigung notwendig.

Endigung: durch Löschung auf Antrag des Eigentümers nach Löschungsbewilligung des Gläubigers. Bei Konfusion kein Untergang, vielmehr Eigentümerhypothek.

3. Kapitel.

Obligationenrecht.

§ 19. Allgemeine Vorschriften.

Vgl. Grundriß 2, 1—18.

Forderungsrecht ist nach ALR. nur Mittel zum Zwecke des Erwerbes von Sachenrechten; vgl. darüber w. o. in der Legalordnung Seite 14.

Forderungen auf Sachen sind zu unterscheiden von denen auf Handlungen; bei Rücktritt von letzteren nur dann Entschädigungspflicht, wenn grundloser Rücktritt.

Korrealobligation: wenn mehrere gemeinsam sich verpflichten (im Zweifel). — Für aktives Korrealverhältnis gilt Miteigentum, vgl. w. o. Seite 33.

Zession: Zessionar ist Singularsukzessor des Zedenten durch den Zessionsakt. Beträgt die Forderung mehr als 150 Mark oder ist sie verbrieft, dann Schriftform. An den debitor cessus erfolgt Denunziation durch den alten oder den neuen Gläubiger. — Keine lex Anastasiana mehr.

Wer fremde Schulden bezahlt, ist deren Käufer, d. h. Forderung geht auf ihn über.

Verzug tritt ein, wenn am Zahlungstermine nicht gezahlt wird. Termin ist im Zweifel in beiderseitigem Interesse gesetzt.

Geldschulden sind dem Gläubiger zu bringen.

Haftung im allgemeinen nur bei Verschulden; jedoch auch ohne Verschulden, wenn der Billigkeit entsprechend, z. B. bei Schaden durch Kinder, Geisteskranke.

Grade des Verschuldens:

a) grobes Versehen: hierfür ist bei Verträgen stets Schadensersatz zu leisten; gleiche Haftung, wenn jemand aus Vertrag keinen Nutzen hat;

b) mäßiges Versehen ist von jedem der Kontrahenten zu vertreten, wenn beide Teile unmittelbar aus dem Vertrage selbst Vorteile erwarten;

c) geringes Versehen hat derjenige zu vertreten, der allein aus einem Vertrage Vorteile zu erhoffen hat;

d) geringstes Versehen muß prästieren, wer eine Handlung übernommen hat, die besondere Sach- oder Kunstkenntnisse voraussetzt.

Einzelne Fälle:

Beamte haften persönlich (subsidiär) für geringes Versehen.

Bei Körperverletzung umfaßt Ersatzpflicht auch die Beeinträchtigung der Erwerbsfähigkeit; Personen des Bürger- und Bauernstandes können Schmerzensgeld verlangen; verunstaltete Weiber, denen durch die Körperverletzung die Heirat erschwert wird, haben Anspruch auf Ausstattung.

Bei Totschlag ist Alimentation an die dem Getöteten gegenüber Alimentationsberechtigten zu leisten.

Bei locatio conductio operis haftet der Unternehmer für Verschulden seiner Leute.

Bei Schaden durch Auflauf oder Aufruhr haftet die Gemeinde.

§ 20. Das Darlehn.

Vgl. Grundriß 2, 18.

Darlehnsvertrag ist **Realkontrakt**, daher Schriftlichkeit nicht erfordert.

Arten: eigentliches Darlehn (Gelddarlehn) und uneigentliches Darlehn (z. B. Getreide).

Kündigung kann gerichtlich oder außergerichtlich erfolgen. Frist für die Kündigung ist entweder vertraglich oder gesetzlich bestimmt. Gesetzliche Frist beträgt bei Darlehn bis zu fünfzig Talern: 4 Wochen; bei Darlehn über fünfzig Taler: 3 Monate.

Unfähig zur Aufnahme von Darlehn sind Hauskinder ohne väterliche Genehmigung, Subalternoffiziere ohne Genehmigung (Konsens) des Chefs u. s. w.

§ 21. Der Kauf.

Vgl. Grundriß 2, 21.

Der Verkäufer ist durch den Kaufvertrag zur **Verschaffung des Eigentumes** verpflichtet.

Laesio enormis steht nur dem Käufer zu.

Gefahr geht auf den Käufer mit der Übergabe über; es gilt also nicht: si id quod venierit appareat quid quale quantum sit, sit et pretium, et pure venit, perfecta est emptio (Übergang mit Vertragsschluß).

Bei **Eviktion** zwar Regreß an den Verkäufer; jedoch Ersatzforderung bezüglich des gutgläubig Hingegebenen nur an den Vindikanten.

Bei **Mängeln** und dicta promissa im Falle des Verschuldens des Verkäufers: actio emti; sonst Redhibition und Minderung möglich. Besondere kurze Fristen bei Viehmängeln.

§ 22. Die Schenkung.

Vgl. Grundriß 2, 21.

Schenkung nur in **gerichtlicher Form** gültig. Jedoch kann bereits bewirkte Schenkung gelten, unterliegt allerdings für 6 Monate beliebigem Widerruf.

Der verarmte Schenker kann standesmäßige **Alimente**, dem Geschenke entsprechend, fordern.

Fälle des **Widerrufes**:

a) grober Undank;

b) wenn Schenker binnen 3 Jahren mehr als sein halbes Vermögen verschenkt hat, Widerruf bis zur Hälfte zugelassen;

c) bei Schenkungsversprechen: liberorum supervenientium causa.

4. Kapitel.

Familienrecht.

§ 23. Die Ehe.

Vgl. Grundriß 4, 10—17.

Hauptzweck der Ehe ist die Erzeugung und Erziehung der Kinder; auch zur wechselseitigen Unterstützung allein kann eine gültige Ehe geschlossen werden.

Arten: vollgültige Ehe und Ehe zur linken Hand.

Ehegelöbnis: in gerichtlicher oder notarieller Urkunde. Hieraus Anspruch auf Eingehung der Ehe; weigert der Beklagte sich, dann Verurteilung zu Abfindung.

Auflösung der Ehe durch Tod oder Scheidung.

Scheidungsgründe sind:

a) Ehebruch oder dringender Verdacht eines solchen, z. B. solus cum sola, nudus cum nuda;

b) lösliche Verlassung und Fernbleiben trotz richterlichen Rückkehrbefehles;

c) Versagung der ehelichen Pflicht;

d) unheilbare und ekelerregende Gebrechen;

e) mehr als ein Jahr dauernde, schwere Geisteskrankheit;

f) gefährliche Tätlichkeiten und grobe Ehrverletzungen; gesundheitsgefährdende Zanksucht und Unverträglichkeit;

g) beharrliche Trunkenheit;

h) unüberwindliche Abneigung bei kinderloser Ehe;
i) eingewurzelter Widerwille bei bekinderter Ehe.

Ehemann vertritt seine Frau gerichtlich und außergerichtlich. Frau kann rechtsgeschäftlich nur mit ehemännlicher Genehmigung sich verpflichten; hierdurch wird Mann Mitschuldner.

Ehefrau hat Schlüsselgewalt: Mann wird verpflichtet, wenn Frau für gewöhnliche Haushaltsgeschäfte Verpflichtungen eingeht; außerdem vertritt sie ihn in Fällen der Not. Ihr Verdienst gehört dem Manne; sie ist ihm gegenüber alimentationsberechtigt.

Verträge beider Gatten zu Gunsten des Mannes können bei stehender Ehe nur gerichtlich abgeschlossen werden.

Schenkungen unter Ehegatten sind gültig.

§ 24. Das eheliche Güterrecht.

Vgl. Grundriß **4**, 18—24.

Das landrechtliche System des Eingebrachten gilt nur, wenn nicht örtlich ein anderes Güterrecht anzuwenden ist; also **Regionalsystem.**

I. **System des Eingebrachten:**

a) Vermögensmassen beider Gatten bleiben getrennt. Der Mann hat Dispositionsrecht am Vermögen der Frau, d. i. Nießbrauch und Verwaltung. Geld und andere vertretbare Sachen der Frau werden Eigentum des Mannes. In der Verwaltungsbefugnis des Mannes liegt auch ein Recht zur Veräußerung; ausgenommen hiervon sind Grundstücke und auf den Namen der Frau festgelegte Kapitalien; hierzu Zustimmung der Frau ev. des Gerichtes erforderlich.

b) Wegen Schulden des Mannes kann nicht das Vermögen der Frau in Anspruch genommen werden (Interventionsrecht der Frau gemäß Verordnung vom 7. April 1838).

c) Rezeptizgut der Frau oder vorbehaltenes Vermögen sind gesetzlich die unmittelbar dem persönlichen Gebrauche der Frau dienenden Mobilien; durch Vertrag können auch andere Gegenstände vorbehalten werden.

Kein Vorrecht der Frau im Konkurse (seit Konkursordnung); **gesetzlicher Titel** für Hypothek auf Grundstücke noch ein Jahr nach Eheabschluß oder Grundstückserwerb.

II. **Allgemeine Gütergemeinschaft**:
wo lokal allgemeine Gütergemeinschaft gilt, kann durch Vertrag der Eheleute Ausschließung erfolgen. Wirkung gegen Dritte jedoch nur bei ordnungsmäßiger Bekanntgabe.

a) **Deutschrechtliches Miteigentum beider Ehegatten**; jedoch hat der Mann allein Verwaltung und Verfügung. Bei Veräußerung und Belastung von Grundstücken und bei Verfügung über Kapitalien (vgl. w. o. zu Ia) ist Zustimmung der Frau erforderlich.

b) Für Schulden des Mannes bei stehender Ehe haftet das Gemeinschaftsvermögen und der Mann persönlich.

c) Bei Überschuldung eines Gatten, über die der andere Teil getäuscht worden war, steht dem betrogenen Teile das Recht zu, binnen 2 Jahren Aufhebung der Gütergemeinschaft zu fordern, um dem Zugriffe der fremden Gläubiger zu entgehen.

d) Bei **Auflösung der Ehe** erfolgt im allgemeinen Halbierung des Gemeinschaftsvermögens; bei Auflösung durch Scheidung kann der unschuldige Teil Herausgabe des Eingebrachten verlangen.

§ 25. Die Rechtsstellung der Kinder.

Vgl. Grundriß **4**, 4—10.

Begründung der väterlichen Gewalt erfolgt:

a) durch Erzeugung seitens des Vaters. Gesetzliche Vermutung hierfür, wenn die Geburt nach dem 210. Tage seit Eheabschluß erfolgt; dasselbe gilt bei Geburt vor dem 210. Tage, wenn nicht der Ehemann — binnen 1 Jahre seit Kenntnis — wegen Nichtbeiwohnung anficht;

b) durch Legitimation durch nachfolgende Ehe oder durch landesherrliches Reskript (dem Justizminister delegiert);

c) durch Adoption im Wege gerichtlichen und gerichtlich bestätigten Vertrages. Eine verheiratete Frau bedarf der Zustimmung des Mannes, um zu adoptieren. Der Adoptierende muß mindestens 50 Jahre alt (Dispensation zulässig) und kinderlos sein.

Endigung der väterlichen Gewalt tritt ein:

a) bei Begründung einer eigenen Wirtschaft und

zwar: bei Großjährigen auch ohne Wissen des Vaters, bei minderjährigen Kindern nur mit dessen Einwilligung;

b) bei Verheiratung der Tochter unter Zustimmung des Vaters;

c) bei Verurteilung des Vaters zu Zuchthausstrafe oder zehnjährigem Gefängnisse;

Ruhen der väterlichen Gewalt bei Geisteskrankheit des Vaters.

Inhalt der väterlichen Gewalt:

a) Erziehungsrecht;

b) Bestimmung des Berufes;

c) Wahl der Religion; jedoch folgen bei Mischehen die Söhne dem Vater, der Mutter die Töchter.

Vermögensrecht der Hauskinder:

a) unfreies Kindesvermögen steht im Nießbrauche und in der Verwaltung des Vaters; bezüglich Veräußerung von Immobilien und verschriebenen Kapitalien ist jedoch Genehmigung des Vormundschaftsgerichtes erforderlich;

b) freies Kindesvermögen steht unter Verwaltung eines Pflegers, so lange das Kind minderjährig ist. Hierzu gehören:

α) unentgeltliche Zuwendungen an das Kind mit der Bestimmung, daß sie freies Kindesvermögen seien,

β) freier Erwerb des Kindes durch eigene Tätigkeit.

Sicherung des Kindes durch Konkursprivileg und Pfandrechtstitel. Will der Vater eine neue Ehe eingehen, dann hat er mit einem Pfleger des Kindes eine Auseinandersetzung vorzunehmen.

Außereheliche Schwängerung begründet Ansprüche gegen den Schwängerer:

a) die Geschwängerte kann Entbindungs-, Tauf- und Sechswochenbettkosten verlangen (so seit Gesetz vom 24. April 1854); nur bei deliktischem Beischlafe höhere Ansprüche.

b) das Kind kann notdürftige Alimente bis zum vollendeten 14. Lebensjahre verlangen, bei Erwerbsunfähigkeit auch noch darüber hinaus. Ist das Kind vier Jahre alt, dann kann der Erzeuger Herausgabe verlangen, bei Weigerung wird er frei.

Gesetzlicher Vormund des Kindes ist der Vater der Mutter.

Diese Ansprüche zu a und b bestehen **nicht**:

α) bei exceptio plurium constupratorum (concumbentium);

β) wenn die Geschwängerte bei der Kohabitation Ehefrau eines Dritten war;

γ) wenn sie geschlechtlich bescholten ist, z. B. puella publica, oder schon vordem geboren hat.

§ 26. Die Vormundschaft.

Vgl. Grundriß 4, 24—27.

Ursprünglich: gerichtliche Pupillenkollegien. Später Einführung der Generaldepositorien (Ausgabe der Pupillengelder, ein für allemal, lediglich durch Zu- und Abschreibung). Reform durch Vormundschaftsordnung vom 5. Juli 1875: Obervormundschaft durch Einzelrichter, größere Selbständigkeit des Vormundes.

Arten der Fürsorge:

a) Vormundschaft: volle Befugnis,

b) Pflegschaft (Kuratel): einzelne bestimmte Befugnisse; z. B. wenn Vater oder Vormund bei gewissen Geschäften behindert ist, ferner für Leibesfrucht, Nachlaß u. s. w.

Fälle der Vormundschaft:

a) Minderjährige ohne väterliche Gewalt (oder wenn die Gewalt ruht),

b) Großjährige, wenn sie:

α) wegen Geisteskrankheit oder Verschwendung entmündigt sind,

β) durch Gebrechen (taub, stumm, blind) an der Besorgung ihrer Angelegenheiten behindert sind,

γ) Abwesende, deren Aufenthalt über ein Jahr unbekannt ist.

Organe der vormundschaftlichen Fürsorge des Staates sind: Amtsgericht (ev. Familienrat), Waisenrat.

Arten der Vormundschaft sind:

a) gesetzliche, d. h. kraft Gesetzes ist der betreffende Vormund, z. B. der Vater bei Endigung der Gewalt wegen Verheiratung der Tochter, der Großvater eines unehelichen Kindes, eine öffentliche Waisenanstalt über ihren Pflegling;

b) richterliche (Dativtutel), d. h. erst durch den Richter wird der Betreffende zum Vormund bestellt.

Absolut unfähig: z. B. Geisteskranke; **relativ unfähig** (sollen nicht!) z. B. Frauen; jedoch sind Mutter, Großmutter und eine vom Vater letztwillig benannte Frau zur Vormundschaft fähig.

Stellung des Vormundes:

Vormund hat Sorge für Person und Vermögensverwaltung. Bei Beginn der Vormundschaft hat er Inventar einzureichen. Er vertritt sein Mündel gerichtlich und außergerichtlich, jedoch keine Befugnis zu Schenkungen aus dem Mündelvermögen. Mündelgelder sind pupillarisch sicher anzulegen; Inhaberpapiere werden außer Kurs gesetzt.

Nach Beendigung der Vormundschaft erfolgt **Rechnungslegung** und Entlastung.

5. Kapitel.

Erbrecht.

§ 27. Allgemeines.

Vgl. Grundriß **5**, 1—8.

Über constitutio Joachimica vgl. w. o. Seite 7.

Bereits im Projekte eines Corp. iur. Frider. (siehe w. o. Seite 10) wurden mehrere Berufungsgründe neben einander zugelassen, Testament sollte gerichtlich sein.

Das Erbschaftsedikt von 1765 läßt den Erwerb der Erbschaft ipso iure erfolgen.

Berufungsgründe nach ALR. können sein:

a) Testament,

b) Erbvertrag,

c) Gesetz, d. i. gesetzliche Erbfolge.

Diese Berufungsgründe können neben einander vorkommen; es gilt also nicht: nemo pro parte testatus, pro parte intestatus decedere potest.

Bei Wegfall des einen Testamentserben erfolgt Anwachsung zu Gunsten der anderen.

Gerichtliche Mitwirkung:

Da der Erbe eigenmächtig in den Besitz des Nachlasses sich setzen kann, so hat das Nachlaßgericht für einen abwesenden oder unbekannten Erben die Erbschaft zu sichern. Dies geschieht ev. durch Siegelung oder durch Ernennung eines Nachlaßpflegers.

Wird dem Gerichte, bei dem ein Testament hinterlegt ist, der Tod des Erblassers bekannt, so hat er das Testament zu publizieren.

Zur Legitimation gesetzlicher Erben hat das Gericht einen **Erbschein** (Gesetz vom 12. März 1869) auszustellen. Auf diesen Schein vertrauende redliche Dritte werden geschützt.

§ 28. Das Testament.

Vgl. Grundriß 5, 8—16.

Testierfähigkeit haben **nicht**:

a) Unmündige,

b) nicht entmündigte Geisteskranke,

c) entmündigte Geisteskranke,

d) Personen, die mündlich oder schriftlich nicht sich auszudrücken vermögen.

Minderjährige können bis zum 18. Lebensjahre nur mündlich zu Protokoll testieren. Entmündigte **Verschwender** sind insofern beschränkt, als sie zum Nachteile des Ehegatten und Verwandten bis zum 6. Grade nur bis zur Hälfte des Nachlasses verfügen dürfen.

Errichtung des gerichtlichen Testamentes erfolgt vor dem Richter und Gerichtschreiber in zwei Formen:

a) mündlich zu Protokoll diktiert und vom Testator unterschrieben,

b) schriftlich durch Übergabe des Schriftstückes und Aufnahme eines Protokolls.

Kann der Testator nicht schreiben, dann sind zwei Unterschriftszeugen hinzuzuziehen.

Erschwerte Formen für Testamente des Blinden, Tauben, Stummen, Analphabeten.

Erleichterte Formen bestehen für:

a) Testamente auf dem Lande in Notfällen, vor dem Schulzen, zwei Schöffen und dem Dorfgerichtsschreiber;

b) Testament (ge- und unterschrieben) des Vaters, der seine Kinder einsetzt, ohne jedoch Pflichtteil zu entziehen;

c) Nachzettel, die in einem Testamente vorbehalten sind (Reskript von 1800); es genügt Unterschrift; der Nachzettel darf aber Erbeseinsetzungen nicht betreffen;

d) Vermächtnisse bis zum Zwanzigstel des Nachlasses.

Einsetzung kann unter Bedingung und Termin erfolgen; es gilt nicht: semel heres, semper heres. — Vor- und Nacherbschaft. — Keine quarta Falcidia.

Unmögliche Bedingungen vernichten die letztwillige Verfügung, unsittliche Bedingungen gelten als nicht geschrieben.

Vermächtnisse werden unabhängig von der Antretung der Erbschaft erworben; eigenmächtige Inbesitznahme ist hier jedoch unstatthaft.

Substitutionen:

a) gemeine Substitution, Ersatzerbschaft;

b) fideikommissarische Substitution (Vor- und Nacherbschaft nach Analogie des Nießbrauches), gilt zugleich als gemeine Substitution.

Daneben noch Pupillar- und Quasipupillarsubstitution.

Insbesondere: **Berliner Testament**, fideicommissum eius quod supererit.

Aufhebung des Testamentes erfolgt:

a) durch ein widersprechendes späteres Testament (nur insofern also: nemo cum duobus testamentis decedere potest);

b) durch Zurücknahme eines gerichtlich verwahrten Testamentes.

§ 29. Die gesetzliche Erbfolge.

Vgl. Grundriß **5**, 3—8.

Verwandtenerbfolge, successio graduum et ordinum:

a) Abkömmlinge,

b) unmittelbare Eltern,

c) vollbürtige Geschwister und deren Kinder,

d) entferntere Aszendenten (nach Graden) und halbbürtige Geschwister und deren Kinder,

e) alle übrigen Verwandten bis zum 6. Grade.

Erbrecht des Ehegatten:

a) neben Deszendenten ein Kopfteil, höchstens ein Viertel;

b) ein Drittel neben Geschwistern;
c) die Hälfte neben entfernteren Verwandten;
d) das Ganze bei Verwandten über den 6. Grad hinaus.

Außerdem: gesetzlicher Voraus des Ehegatten (Betten, Möbel, Hausrat).

Uneheliche Kinder, wenn anerkannt, erhalten den sechsten Teil, falls keine legitime Deszendenz vorhanden ist.

Erbrecht **öffentlicher Verpflegungsanstalten** am Vermögen der von ihnen verpflegten Personen.

Kollation der Intestaterben unter einander; (ev. auch bei Testamentserbfolge).

Gegenstand der Kollation ist die Ausstattung des Kindes (z. B. Etablierung, Heirat), Schenkung von Immobilien oder Kapitalien, endlich besonders als konferabel bezeichnete Zuwendungen.

Kollation geschieht durch Zuteilung aus dem Vorhandenen an die Nichtbevorzugten (ohne Rückzahlung der Vorempfänge), also im Wege der Verrechnung. Jedoch haben die Bevorzugten eine Pflicht zur Leistung notdürftiger Alimente.

Pflichtteil beträgt bei zwei Kindern ein Drittel, bei vier die Hälfte, bei mehr als fünf: zwei Drittel der Portion. Verjährung der Pflichtteilsklage in zwei Jahren.

§ 30. Die Stellung des Erben.

Vgl. Grundriß 5, 18—23.

Erwerb der Erbschaft geschieht ipso iure, ohne aditio. Der Erbe kann jedoch binnen 6 Wochen (bei mehr als 40 Meilen Entfernung vom Wohnsitze des Erblassers: binnen 3 Monaten) gerichtlich entsagen.

Inventarrecht: der Erbe kann mit der Rechtswohltat des Inventars antreten, muß aber binnen 6 Monaten ein Inventar errichten. Er haftet dann nur mit dem Nachlasse.

Früher Erbe nur Verwalter gegenüber den Gläubigern, z. B. Grundstücksverkauf nur mit deren Zustimmung; — beseitigt seit 1840.

Gerichtliches Aufgebot der Gläubiger.

Miterbengemeinschaft: keine Rechte des Einzelnen an den einzelnen Stücken; über die Aktiva nur gemeinsame Verfügung, nomina non sunt ipso iure divisa.

Für Nachlaßschulden sind die Miterben gemeinsam verpflichtet.

Wird der Nachlaß **geteilt,** dann gilt:

a) bei Benachrichtigung der Gläubiger hiervon: nur noch Verpflichtung nach Erbteilen,

b) ohne Benachrichtigung der Gläubiger: solidarische Verpflichtung.

Sind Miterben **Vorbehaltserben,** dann umfaßt die Haftung nur die noch vorhandenen Nachlaßstücke.

Druck von A. W. Hayn's Erben, Berlin und Potsdam.